S. M. Alphonse XIII A Paris Mai-Juin 1905

Henri Daragon

Henri DARAGON

S. M. Alphonse XIII

A PARIS
MAI-JUIN 1905

Décoration publique et privée ; Illuminations ;
Iconographie de carte postale franco-espagnole ; Industrie du Bibelot.

ITINÉRAIRE — L'ATTENTAT DU 1ER JUIN 1905

OUVRAGE ORNÉ DE PLANCHES HORS TEXTE
et d'une eau forte par **ORENS**

PARIS (IXe)
H. DARAGON, Éditeur
30, rue Duperré, 30

—

1905

S.M. ALPHONSE XIII
ET SON SOURIRE

Drep's
GRAVEUR-HUMORISTE
PARIS 5 JUIN 1905

INTRODUCTION

Le séjour de S. M. Alphonse XIII à Paris est désormais classé dans les annales historiques de la France comme une visite mémorable. — La joie a été unanime et tous les Parisiens ont prouvé au jeune souverain espagnol la joie qu'ils éprouvaient à le recevoir.

Dans ce dixième volume de la Collection de l'Histoire par le Bibelot *nous nous attacherons tout particulièrement à montrer l'enthousiasme populaire, la joie pour la France chrétienne de recevoir un souverain catholique dans un moment si troublé. Fidèles à notre programme nous nous efforcerons d'attirer l'attention de nos lecteurs sur les réjouissances qui ont souligné ce mémorable voyage ; nous laisserons de côté la partie purement officielle pour nous appesantir sur la partie populaire, les nombreux journaux de toutes nuances ayant rempli leurs colonnes des faits et gestes qui ont marqué chaque jour la visite royale. Afin de donner plus*

*d'intérêt à notre publication, nous avons obtenu l[a]
collaboration du dessinateur* Orens *qui s'est fait u[n]
renom incontesté de critique satirique et de gra[-]
veur émérite dans le domaine de la carte posta[le]
politique. — L'amabilité toute spontanée avec la[-]
quelle il a accepté notre proposition mérite d'êtr[e]
mentionnée en tête de ce modeste volume. — No[n]
seulement il nous a autorisé à fouiller dans se[s]
cartons pour en obtenir des reproductions, mai[s]
encore il s'est offert gracieusement à graver spé[-]
cialement pour la circonstance une eau forte qu[e]
nous sommes ravis de placer en tête de ce livre.*

*Le Bibelot populaire qui est une industrie bie[n]
française a peut-être été moins productif que lor[s]
des voyages des souverains russes en 1896 et 190[1]
mais il a été plus fourni qu'à l'occasion des visite[s]
du roi d'Angleterre et du roi d'Italie. — Pa[r]
contre la carte postale illustrée a atteint, d'aprè[s]
nous, son apogée. — En 1896 elle faisait son ap[-]
parition et les collectionneurs en ont compté un[e]
vingtaine; aujourd'hui c'est plus de 150 qui ont ét[é]
publiées pendant le séjour du Roi d'Espagne, beau[-]
coup d'autres sont en ce moment sous presse e[t]
bientôt elles seront mises en vente, malheureu[-]
sement trop tard pour que nous puissions les si[-]
gnaler ici. C'est plus de deux millions de carte[s]
qui ont été vendues dans la foule pendant cett[e]
semaine de fêtes franco-espagnoles ; c'est aussi c[e]
qui explique la pénurie du bibelot et des insignes qu[i]*

en a résulté ; la carte postale a tout accaparé, aussi bien les camelots que les papetiers, que les commerçants de toutes sortes. A sa mémoire nous avons donc réservé une large place dans la présente relation.

Les merveilleuses décorations qui ont embelli certains quartiers de Paris méritent une place dans le programme que nous nous sommes tracé ; jamais à aucun moment le goût parisien ne s'était pareillement révélé, les fleurs naturelles, les draperies, les décors électriques n'ont été aussi nombreux et aussi artistiques qu'à l'occasion de cette visite mémorable. C'est le triomphe de la rampe Paz et Silva et c'est aussi la faillite de la décoration officielle qui n'a fait aucun progrès depuis 20 ans.

Nous terminons cette introduction en remerciant tout particulièrement de leur concours MM. Paul Daragon, L. Graux, G. Brisse, G. Montorgueil et surtout Jacques Leudet qui n'a pas ménagé ses instants pour nous aider de ses recherches.

Jetons dans notre joie délirante un œil attendri sur nos amis les Russes. Au moment où le canon des jours de fête annonçait l'arrivée de notre royal hôte, le canon meurtrier leur infligeait de cruelles déceptions et offrons-leur ici l'espérance de jours meilleurs. Notre premier chapitre traite de l'attentat du 1er juin que tous les Français ont réprouvé et que la mâle attitude de S. M. Alphonse XIII a flétri comme il le méritait.

Après ces fêtes inoubliables envoyons encore à S. M. Alphonse XIII, à S. M. la Reine Marie-Christine et aux membres de la Famille Royale l'hommage de notre vive admiration.

Vive l'Espagne ! Vive la France !

———————

S. M. ALPHONSE XIII A PARIS

MAI-JUIN 1905

PROGRAMME RÉSUMÉ DES FÊTES

Le dimanche 28 mai est le prélude des fêtes franco-espagnoles surtout aux Halles où le Comité des Fêtes de Paris se prépare à recevoir dignement le Roi d'Espagne ; les arcs de triomphe sont achevés et les pavillons sont décorés à profusion. La Muse de l'Alimentation et ses demoiselles d'honneur sont présentées au public. — Dans Paris, les drapeaux flottent aux fenêtres, la décoration des boulevards et des voies principales se poursuit activement, les balcons se fleurissent, les essais d'éclairage électrique sont poussés activement. Tout sera prêt en temps voulu.

Le lundi 29 mai, à minuit, le Roi part de la gare des Aubrays et est reçu par les autorités du département.

Le mardi 30 mai, à 2 h. 55, le Roi fait son entrée dans Paris par la gare du Bois de Boulogne. Il est reçu par M. Loubet. Sur tout le parcours de la gare au Palais des Affaires étrangères une foule compacte acclame Alphonse XIII et prend pour ainsi dire contact avec lui. L'impression que l'on éprouve à la vue de ce jeune souverain de 19 ans est des plus sympathiques.

A 5 heures, le Roi rend à l'Elysée sa visite au Président en passant par l'avenue Nicolas II, le pont Alexandre et l'avenue Marigny. A 5 h. 3/4, le Roi rentre à son Palais. Les vivats et les acclamations sont de plus en plus fournis. Le Roi Alphonse XIII a conquis l'estime des Parisiens et durant tout son séjour les acclamations se feront chaque fois plus frénétiques. De son côté, notre hôte royal paraît ravi de l'accueil qui lui est fait et les saluts qu'il rend à chaque instant à la foule achèvent de conquérir sa popularité. A 7 heures, grand dîner à l'Elysée.

Mercredi 31 mai. — Dans la matinée, promenade dans Paris, visite aux Invalides, au Panthéon, et à Notre-Dame. A 10 h. 1/2, réception à l'hôtel de ville par la municipalité. — Inscription et signature sur le Livre d'or. — Visite aux Halles où la Muse de l'Alimentation, Mlle J. Bouché, souhaite la bienvenue au souverain espagnol et lui présente une gerbe de lys et de roses, le Roi lui remet un superbe bracelet et l'embrasse. Dans ce coin travailleur de Paris on gardera pendant longtemps le souvenir de cette journée, le Roi a été acclamé avec frénésie. A midi 1/2, déjeuner à l'ambassade d'Espagne, à 3 heures, réception de la colonie espa-

gnole. — Dîner au Ministère des Affaires étrangères. — A 9 heures, gala à l'Opéra. — Toutes les
rues menant au boulevard Haussmann, à l'avenue
de l'Opéra, à la rue de la Paix sont barrées par la
police, les illuminations étincellent de toutes parts,
le Roi fait sa sortie à minuit et demi et se dirige
vers le Palais des Affaires étrangères.

RÉCIT DE L'ATTENTAT

Il est exactement minuit quarante. Le cortège
royal qui est acclamé sur tout le parcours de l'avenue de l'Opéra, très brillamment illuminée, venait
de s'engager dans la courte rue de Rohan.

A ce moment une violente détonation retentit ;
des cris sont poussés ; on voit tomber deux chevaux.

Le projectile, lancé soit du coin de la rue de Rivoli, soit du trottoir de la rue de Rohan, soit d'un
des guichets du Louvre, est tombé sur le pavé de
bois où il a fait un trou profond et blessé en écla-
tant le cheval du capitaine de cuirassiers Schneider
qui se tenait près de la voiture royale.

Un cheval de cuirassiers, dont le cavalier n'a
point été touché, gît sur la chaussée, tué net.

Tous les blessés, après avoir reçu les premiers
soins dans les pharmacies environnantes, sont re-
conduits à leurs domiciles, tandis que de toutes
parts des brigades d'agents sont mandées pour as-
surer l'ordre et contenir la foule affolée par l'évé-
nement.

En tout six chevaux ont été blessés. Les cavaliers de l'escorte se sont aussitôt rapprochés encore plus complètement du landau royal qu'ils entouraient et, après le « Serrez les rangs » du capitaine Schneider, ils ont continué leur course à travers la rue de Rivoli, vers le quai d'Orsay.

M. Loubet avait conservé, au moment de la détonation, le plus absolu sang-froid. Le Roi n'a pas montré, lui non plus, la moindre émotion, bien qu'il ne se soit pas un instant mépris sur la portée criminelle de l'attentat dont il venait d'être si heureusement préservé. Remarquant que le cheval du capitaine Schneider s'était mis soudainement à boiter, il s'est penché vers l'officier qui continuait à se tenir à côté de la voiture et lui demande s'il n'avait aucun mal.

Rentré au palais et en prenant congé du Président, le Roi lui a exprimé le désir d'être renseigné le plus tôt possible sur les conséquences de l'explosion et sur l'état des victimes qu'il craignait, à ce moment, plus nombreuses qu'heureusement elles n'ont été. Parmi les tristes considérations auxquelles donne lieu cet affreux attentat, il en est une qui vient immédiatement à l'esprit. La pensée de tous les bons Français se tourne vers la reine Marie-Christine qui, là-bas, à Madrid, songe aux périls qu'affronte le Roi son fils. Comment ne pas compatir à son inquiétude? Les vœux de tous vont à elle, plaignent son angoisse et se réjouissent avec elle des circonstances qui ont sauvé son enfant (*Le Figaro*).

Jeudi 1er juin. — Pour éviter des embarras à ceux dont il est l'hôte, le roi fait savoir à M. l'abbé Garday, curé de Sainte-Clotilde, qu'il serait heureux d'assister à la messe dans la chapelle des Catéchismes, chapelle où son père et sa mère autrefois faisaient leurs dévotions.

Il y arrivait à sept heures et demie. L'abbé Garday et ses vicaires le recevaient à sa descente de voiture. Le curé lui baisait la main, lui offrait l'eau bénite, l'encensait et le conduisait sous le porche, où il lui souhaitait la bienvenue. Puis il l'emmenait vers un prie-Dieu où le roi s'agenouillait, suivant fort religieusement la messe célébrée par l'abbé Mugnier. Ses devoirs de chrétien accomplis, il regagnait son palais. Aussitôt arrivait le Président de la République pour la revue au camp de Châlons. Ensuite, départ pour la gare de l'Est. Sur tout le parcours les ovations se font plus fournies depuis que les journaux ont annoncé l'horrible attentat dirigé contre le jeune souverain. — Le Roi monte à cheval et passe en revue les troupes massées en bataille, il assiste à une fort belle manœuvre et à des exercices de tir d'artillerie sur un village simulé de toutes pièces. Retour à Paris par la rue Lafayette, les grands boulevards, dîner intime au Palais des Affaires Etrangères. Le soir, réception de gala au Palais de l'Elysée, à 10 h. 3/4.

Vendredi 2 juin. — Visite à l'Ecole de Saint-Cyr, déjeuner militaire et carrousel. Visite à Versailles.

L'affluence est tellement grande que les conducteurs d'automobiles demandent 150 francs pour faire ce court parcours.

En revenant de Versailles, le Roi s'est arrêté au parc des Coteaux de Saint-Cloud. Il a assisté au départ d'une course de ballons. Le ballon-signal *Hirondelle* est monté par M. de la Vaulx. Les aérostats concurrents sont l'*Aéro-Club de España*, portant le pavillon du Club madrilène et monté par M. J. F. Duro ; *Fleur de Lys*, monté par M. Victor Bacon ; *Alouette*, par M. Charles Levée ; le *Simoun*, par M. Hadelin d'Oultremont ; *Ludien*, par M. Paul Tissandier ; *Micromégas*, par M. Arnold de Contades ; *le Fol*, par M. André Legrand. Le tout consistait à atterrir le plus près possible du ballon-signal.

Le Roi et le Président sont reçus en face de l'Aéro-Club par M. Cailletet, de l'Institut, le marquis de Viana, président de l'Aéro-Club royal espagnol, et de M. de la Vaulx, qui présente aux chefs d'Etat les membres des comités. Le capitaine Voyer, du génie, dirige les opérations de gonflement.

Après avoir quitté l'Aéro-Club, le Roi s'est arrêté une seconde fois près du champ de courses de Longchamps. Une tribune est élevée là pour lui permettre d'assister au corso automobile.

L'arrêt n'est que de quelques minutes. Le Roi, après avoir vivement applaudi, regagne au grand galop le quai d'Orsay par le chemin du Lac.

Le soir gala au Théâtre Français.

Samedi 3 juin. — A 9 h. 45, revue à Vincennes des troupes de la garnison de Paris, déjeuner militaire à l'Elysée.

Revêtu d'un veston de chasse, coiffé d'une casquette grise, le Roi d'Espagne est allé vers 5 heures au Bois de Boulogne, pour assister au tir aux pigeons, l'un de ses plaisirs favoris.

Il a été reçu par les membres du cercle et leur président M. le Baron de Gourgaud puis a pris part à une poule et, dans un style très remarqué, a abattu 8 pigeons sur 9.

Il était accompagné du duc de Sotomayor. Sans attendre la fin de la poule, il a quitté le tir à six heures et demie et a traversé le Bois de Boulogne. Le roi s'est trouvé en pleine bataille des fleurs.

L'affluence était aussi nombreuse que choisie, les équipages décorés rivalisaient avec les toilettes féminines. Beaucoup de voitures étaient ornées de rubans et cocardes aux couleurs espagnoles.

L'automobile-omnibus de de Dion-Bouton a été très admirée.

A huit heures dîner offert par le Roi au Président de la République à l'Ambassade d'Espagne.

Dimanche 4 juin. — Le Roi se rend par le pont Alexandre III à la chapelle espagnole de l'avenue Friedland vers 11 heures. — Visite au Louvre sous la direction de M. Dujardin-Beaumetz; rentrée à 1 heure au Palais des Affaires Etrangères; à 2 h. 1/2 le Président vient chercher le Roi pour le faire assister au Grand Steeple d'Auteuil. Le temps qui s'était mis de la fête depuis l'arrivée du roi s'est subitement gâté et vers 3 h. 1/4 une averse formidable éclata au grand mécontentement des milliers de spectateurs. — Le retour par l'avenue du Bois de Boulogne fut une véritable ovation pour le roi qui reçoit les adieux de Paris.

Le soir dîner offert par le ministre des Affaires Etrangères; à minuit départ pour Cherbourg.

Le Roi fait remettre 25.000 francs pour les pauvres de Paris. Il s'était fait rendre compte chaque jour de l'état des malades victimes de l'odieux attentat du 1er juin et leur fait remettre des décorations militaires espagnoles.

DÉCORATION PUBLIQUE ET PRIVÉE

Jamais le goût parisien ne s'était révélé avec une telle intensité que pendant le séjour à Paris du Roi Alphonse XIII. — Tout Paris a tenu à pavoiser ses fenêtres et ses devantures, mais c'est surtout sur les Boulevards, la rue de la Paix et l'avenue de l'Opéra, la rue Royale et le faubourg Saint-Honoré que le coup d'œil est le plus féerique. La place de l'Opéra est ornée de quatre motifs de déco-

Cartes postales dessinées et gravées
par ORENS

ation florale du plus bel effet. Toutes les fenêtres
et les balcons sont remplis de fleurs naturelles, de
fleurs artificielles, de couronnes, d'inscriptions de
bienvenue alternant avec les drapeaux français et
étrangers. A signaler les nombreux arcs de triomphe
du faubourg Saint-Honoré, le pavoisement de la rue
Royale, de la place de la Madeleine, du pont d'Ar-
cole, de la place de l'Hôtel-de-Ville, de l'avenue
Victoria et surtout celui des Halles tout en légumes
et fruits. Le Comité des fêtes de l'avenue de l'Opéra
ayant organisé un concours de balcons fleuris et
de décorations de façades a stimulé encore davan-
tage le zèle des habitants du plus beau quartier du
monde.

Les **Illuminations** dans ce quartier sont abso-
lument féeriques et dépassent en luxe celles des
visites royales auxquelles il nous a été permis
d'assister. Il est impossible de faire mieux.

Au cours de nos nombreuses promenades nous
avons remarqué plus particulièrement, **place de
l'Opéra**, le grand balcon de l'*Echo de Paris* avec
ses jolies fleurs semées à profusion et ses rampes
de lumière électrique. *Maggi* a été fort prodigue de
lumière et n'a pas marchandé les fleurs, il y a des
palmiers jusque sur le toit de l'immeuble! Le
Grand-Hôtel et le *Café de la Paix* sont inondés de
lumière qui sort d'une quantité de lampes électriques courant sur tout l'immeuble depuis les
étages supérieurs jusqu'à l'angle des Boulevards.

La *Société Générale* et les *Eaux d'Evian* sont en
cadrées de rampes de feuillages et de fleurs élec
triqués. Le *Comptoir National* et les bureaux d
Cook sont ravissants de goût. Partout la ramp
mobile de Paz et Silva fait les honneurs de cett
décoration luxuriante. Le balcon du *Cercle Mili
taire* est sobrement décoré de drapeaux, aux mur
sont fixées des panoplies que nous connaission
déjà. Dans la **rue de la Paix**, l'*Hôtel de Holland*
est un véritable jardin fleuri depuis le haut jus
qu'en bas. *Alphonsine, Lacloche et Carter* ont riva
lisé de goût pour décorer leurs devantures, mais le
immeubles les mieux décorés sont ceux occupé
par le grand couturier *Worth* dont la devanture
disparaît sous des milliers de fleurs naturelles. Le
maisons *Paquin* et *Grunwald* sont fort jolimen
parées de fleurs et de drapeaux. Cette rue est la
plus jolie comme décoration florale qu'il soi
permis d'admirer et fait grand honneur à tous le
habitants.

Place Vendôme. — Il faut citer l'*Hôtel Rit*
et la décoration identique de l'*Hôtel Bristol* et d
l'*Hôtel du Rhin* pavoisés de guirlandes électriques
La maison *Montaillé* à l'angle de la rue Saint-Ho
noré est fort gracieusement décorée.

L'Avenue de l'Opéra est une merveille de goût;
nous y remarquons beaucoup plus de drapeaux et
de fleurs électriques que partout ailleurs. Toutes
les maisons seraient à citer car toutes sont déco-

rées d'une façon différente. Bornons-nous à citer la maison *Chaussier et Muller* avec son balcon orné de fleurs électriques jaunes et rouges et la couronne royale éclairée par plusieurs petites lampes ; *The Popular* dont les balcons courant sur trois immeubles sont ornés de 12 gigantesques étoiles électriques blanches entre des quantités de drapeaux et les armes de la France et de l'Espagne ; les bureaux de la *Banco Espagnol del Rio de la Plata* sont pavoisés de drapeaux, de fleurs électriques, d'écussons de la Plata et de l'Espagne ; la décoration est complétée par une tenture jaune et rouge du plus bel effet. Le *Café de Paris* a orné tout son 1er étage d'une ligne de géraniums et anthémises; des drapeaux ornent sa façade, la porte d'entrée est surmontée de l'inscription en lampes électriques : « Viva España. » La *Brasserie Universelle* est ornée à l'extérieur de fleurs de toutes les couleurs ; les balcons de l'*Hôtel des Deux Mondes* sont garnis de feuillages avec cercles d'hortensias et de fleurs roses ; aux 1er et 2e étages une rampe de fleurs électriques rouges ; la maison des *Cafés Corcelat* est ornée de fleurs électriques et de feuillages, de même que *Gellé frères, la Houssaye, Félix ;* l'armurier *Guinard,* fournisseur du roi d'Espagne, a exposé à sa vitrine le portrait d'Alphonse XIII, ses fusils sont ornés de rubans aux couleurs espagnoles ; à l'extérieur trois drapeaux déployés complètent cette charmante décoration. Le magasin de *la Ville de Naples* a exposé à ses vitrines les portraits du Président et du Roi ; la salle d'*Œolian* a surmonté sa devanture d'une couronne royale au milieu des drapeaux français et espagnols. La *Compagnie des petites Voitures* a des fleurs électriques qui courent sur son balcon au milieu de nombreux drapeaux. Disons ici que c'est au n° 22 de l'avenue de l'Opéra qui se tenait le comité des fêtes franco-espagnoles à qui l'on doit le succès colossal remporté à la gloire de ce beau quartier. A signaler encore l'*Hôtel du Louvre* dont la colossale couronne royale haute de deux étages s'apercevait de toute l'avenue aussi bien dans la journée que le soir grâce à une quantité de petites lampes de couleurs. Le *Théâtre Français* était pavoisé de trophées de drapeaux. Nous terminerons la rapide visite de cet Eden en signalant comme merveille de goût et d'élégance la façade si réussie de *Berlitz-School*. Le balcon est transformé en une galerie drapée d'étoffe jaune en forme de velum surmontée de résilles espagnoles ; au mur des tapisseries, au bas une draperie de velours rouge, çà et là des hottes dorées remplies d'hortensias. L'aspect de cette décoration est véritablement somptueux, aussi le succès d'admiration a-t-il été grand parmi les promeneurs.

Sur les Boulevards. — La maison *Boissier* a pavoisé sa devanture de drapeaux, de fleurs et de banderoles espagnoles ; la décoration de la *Maison de Blanc* est faite avec des fleurs électriques ; le alcon du *Café Américain* est entouré d'une double guirlande de fleurs, de deux écussons et de l'aigle américain ; la façade du *Café Anglais* est ornée de gigantesques drapeaux de toutes nations. Le 1er étage de la *Taverne Pousset* est sillonné de petites lampes blanches. La maison *Roddy* étale à sa devanture plus de 150 cravates rouges et jaunes, des caleçons et des bretelles de mêmes couleurs ; les bureaux du *Gaulois*, dont les fenêtres donnent sur le boulevard, sont ornées de fleurs et de drapeaux au milieu desquels on remarque la couronne royale surmontant un gigantesque **A**. *The Sport*, quoique encombré de palissades, orne néanmoins sa façade de 15 drapeaux aux fenêtres de ses trois étages ; au haut une draperie jaune et rouge, à la hauteur du 1er étage court une guirlande de feuillage. Le *Crédit Lyonnais* a pavoisé son immense façade avec de nombreuses rampes de fleurs électriques qui courent sur les piliers. Le restaurant *Paillard* avait placé à l'angle de la rue de la Chaussée-d'Antin une fort jolie couronne royale, les fenêtres étaient drapées et de nombreux drapeaux complétaient fort joliment cette décoration artistique.

Ne quittons pas les boulevards sans signaler l'originale idée que mit à exécution avec une pleine réussite **M. Maury**, le philatéliste universellement connu. En effet quatre timbres gigantesques émis à l'occasion du troisième centenaire de Don Quichotte, étaient fixés au mur du premier étage, un timbre espagnol de 15 centimes à l'effigie d'Alphonse XIII était placé au centre, on y lisait, au-dessus, Paix et au-dessous, Commerce ; à droite et à gauche de ces timbres deux écussons entourés de drapeaux, l'un représentant l'Espagne, l'autre la France avec un coq gaulois d'une conception héraldique à la laquelle nous sommes peu habitués ; au deuxième étage deux autres timbres de Don Quichotte et deux timbres français. Lorsque le roi passa sur les Boulevards lors de sa visite dans Paris, ses regards furent attirés par cette attention délicate. Signalons, toujours sur les Boulevards, la maison *Coutard*, la *Terrasse Jouffroy*, etc.

Rue Royale. — La succursale du *Comptoir d'Escompte* était très abondamment pavoisée, la parfumerie *Delettrez* n'avait pas ménagé le nombre des petites lampes électriques qui étaient d'un superbe effet. Le coiffeur *Georges*, comme toujours, avait paré les fenêtres de son vaste établissement avec une profusion de drapeaux. Si nous quittons les quartiers du centre pour excursionner dans Paris, nous signalerons l'immeuble portant le n° 51 de l'avenue des Champs-Elysées dont les fenêtres étaient drapées de velours rouge ; le n° 77 de cette même avenue était aussi d'un aspect fort artistique ; l'ancien restaurant *Coubat* et *Mercédès* était orné de nombreux drapeaux et de guirlandes de fleurs électriques ; l'hôtel de *M. Dufayel* était enfin débarrassé de ses palissades ! mais le nouveau seigneur n'avait arboré aucun drapeau ; le *Palace Hôtel* avait orné l'embrasure de ses fenêtres de petites lampes électriques tricolores, rappelant le séjour du Bey à Paris.

Près des Grands Boulevards nous avons remarqué la *Boulangerie du Helder*, éclairée par des lanternes vénitiennes jaunes et rouges. C'est une des rares maisons qui se soit servie de ce mode d'illumination qui faisait fureur il y a 15 ans et qui depuis l'électricité a été bien supplanté.

Les magasins du *Printemps* avaient revêtu une décoration électrique du plus bel effet ; les *Galeries Lafayette* avaient arboré de nombreux drapeaux ; le soir venu, des rangées de petites lampes électriques couraient bien parallèlement sur sa façade et communiquaient un air sec à ce bel immeuble dont nous avons été habitués à admirer les fois précédentes la décoration artistique et originale.

DÉCORATION OFFICIELLE

Un mot seulement pour dire qu'elle a été au-dessous de tout ce qu'il est possible d'imaginer ; depuis 30 ans aucun progrès n'est venu jeter une note nouvelle dans la façon dont les établissements publics sont décorés. Toujours la rampe de gaz horizontale ou cerclant le monument. Voyez plutôt les ministères, la Chambre des Députés, l'Arc de Triomphe, mais ce qui était le plus affreux c'était l'illumination de l'Hôtel des Invalides, on aurait cru réellement à une plaisanterie. Le Palais de l'Elysée ou plutôt ses jardins étaient féeriques, des milliers de lampes de couleurs couraient dans les arbres, dans les bosquets et étaient du plus bel effet ; des feux de bengale rose augmentaient encore l'intensité de cette lumière qui ruisselait de partout et qui faisait croire à un vaste incendie.

Les décorateurs et les électriciens ont fait merveille, mais qu'ils tâchent donc de faire comprendre aux architectes du gouvernement que le mot décoration officielle ne veut pas dire sévère et vieille décoration !...

Toutes nos félicitations à MM. Paz et Silva et à M. Henri Beau qui ont fait des merveilles.

ICONOGRAPHIE DE LA CARTE FRANCO-ESPAGNOLE

Jamais à aucun moment la carte postale illustrée n'a tenu une telle place dans le monde de l'actualité. Son débit sur la voie publique pendant ces fêtes inoubliables de juin 1905 a eu un succès colossal au détriment des bibelots parisiens et des mille riens qui étaient un des attraits des visites précédentes. Les insignes, les cocardes, les petits drapeaux qui ornaient les corsages des dames et les vêtements des hommes ont été sacrifiés à la carte postale ; les chansons aussi ont eu à se ressentir de cet accaparement. Plus de 150 cartes ont été livrées au public; dans ce nombre figurent beaucoup de portraits en phototypie, de nombreuses séries de vues prises sur le parcours du cortège et quelques cartes satiriques. On doit remarquer que l'ensemble de cette profusion a été plutôt sympathique au jeune souverain, la verve parisienne a plaisanté quelquefois Alphonse XIII sur sa jeunesse, mais on peut dire qu'elle n'a pas dépassé les bornes de la bienséance et de la courtoisie.

Voici du reste la liste des cartes qui ont été émises jusqu'au départ du Roi d'Espagne.

Cartes d'Orens. — Notre éminent collaborateur s'est encore surpassé cette année. Tous les amateurs apprécient le choix de ses sujets autant que le fini de son dessin, il est passé depuis longtemps maître es-cartophilie. Citons dans le *Panthéon Orens* : Alphonse XIII à Paris ; — A qui la pomme ? — Dans la jolie série du *Burin satirique* nº 4 : Aie pas peur d'en boire mon petiot, c'est du lait de ta sœur... latine ; — Nº 5 : Alphonse XIII à Paris, 30 mai 1905 ; — Les bijoux de la couronne d'Espagne ; — Nº 6 : Alphonse XIII à Paris ; — Le cornet du Royal chauffeur ; — Il y a poire et poire ; — Nº 7 : Autour de la Toison d'Or ; — Nº 8 : Alphonse XIII en France (mai 1905), ou la résurrection du Coq Gaulois. La même série a été tirée en bistre. Toutes ces cartes ne sont publiées qu'à 250 exemplaires numérotés. — L'habile dessinateur a également dessiné deux autres cartes d'un prix plus abordable reproduites en simili : Alphonse XIII chez Loubet — la ballade du royal bambin ; — et Alphonse XIII à Paris — la Poule aux œufs d'or.

Hors série. On nous envoie, au moment où nous mettons sous presse, la carte d'Orens : Voyage d'Alphonse XIII, Paris et Londres, ou la Naissance du Coq à trois têtes, présenté par le pâtre Delcassé (mai-juin 1905).

Les portraits ont été très nombreux.

1° Alphonse XIII, roi d'Espagne, 29 mai 1905, Paris.

2° Le même en couleurs et or.

3° S. M. Alphonse XIII, en buste, cliché de Franzen.

4° S. M. Alphonse XIII, à mi-corps, cliché de Franzen.

5° Le même en bistre.

6° S. M. Alphonse XIII, avec le ruban de la Légion d'honneur et la Toison d'or, peu ressemblant.

7° Alphonse XIII, Roi d'Espagne et Emile Loubet, Président de la République Française.

8° Les mêmes en couleurs.

9° S. M. Alphonse XIII, né à Madrid, le 17 mai 1886, couronné Roi le 17 mai 1902, portrait à mi-corps, dans l'angle de gauche les couleurs espagnoles.

10° Portraits du Roi et du Président sur les drapeaux, au milieu le Coq gaulois.

11° Paris, 30 mai 1905, fêtes franco-espagnoles, portraits en couleurs du Roi et du Président.

12° Portraits gravés du Roi et du Président par A. Girard.

13° Portraits gravés du Roi, du Président et de la Reine Marie-Christine.

14° Carte avec timbres représentant le Roi et le Président Loubet, au milieu les drapeaux et les armes. Cette carte a été publiée par A. Maury.

15° S. M. Alphonse XIII, à mi-corps, cliché de Franzen.

16° S. M. Alphonse XIII, à mi-corps, le shako à la main, cliché de Franzen.

17° Le Roi et le Président, reproduction en chromo.

18° Le Roi à cheval à la Revue de Châlons, chromo.

19° S. M. Alphonse XIII Roi d'Espagne, Paris, 1905, portrait du Roi par Franck Lefort.

20° Le Roi et le Président, portraits par Franck Lefort.

Cartes sur l'attentat. — 1° Notre collaborateur *Orens* publia pour le n° 9 du *Burin satirique* une carte gravée qui ne manqua pas de faire sensation car elle parut deux jours après le lâche attentat anarchiste du 1er juin : « Alphonse XIII victorieux de la mort ».

2° Le dessinateur Robert a publié deux cartes à l'aquarelle sur cet horrible attentat.

Cartes en séries. — 1° Alphonse XIII à Paris, 6 cartes en couleurs par Mille.

2° Visite de S. M. Alphonse XIII à Paris, série de 10 vues prises sur le passage du cortège.

3° Visite de S. M. Alphonse XIII à Paris, série de 10 autres vues. Cartes au bromure.

4° La visite d'Alphonse XIII, mai-juin 1905, série de 6 cartes dessinées par Bobb.

5° Fêtes franco-espagnoles, série de 6 cartes en couleurs dessinées par Bianco.

6° Alphonse XIII à Paris, série de 10 cartes originales par Robert.

Cartes articulées. — 1º Le Roi et le Président se donnant l'accolade.

2ª Arrivée d'Alphonse XIII.

3º Le Roi et le Président dansant.

Cartes satiriques en couleurs. — 1º L'embarras du choix (affaires du Maroc).

2º La Corrida, M. Delcassé fait le saut en hauteur.

3º Sérénada, ces deux cartes sont dessinées par Mille.

4º Ollé !!! Viva tu Gracia.

5º Le Cake-Walk tambouriné, dessiné par Norwins.

6º Le Charmeur.

7ª Mimile et Buby.

Cartes satiriques en noir (phototypie, trait ou simili) :

1º Le Roi et le Président en danseuses, dessin de Assus.

2º Le Roi et le Président passant une revue de soldats en bois.

3º Les Compétiteurs.

4º La Corrida du Maroc.

5º La Sérénade de l'Hidalgo.

6º Don Quichotte à Paris.

Ces quatre dernières cartes ont été éditées par la B. C. I., elles ont eu un succès énorme.

7º Une carte gravée par Frédillo, dans la série *Satire*, nº 10, représente le Roi, le Président et M. Delcassé.

Pour terminer cette sèche énumération citons encore une carte jaune et rouge sur laquelle on lit les premières notes de l'Hymne national espagnol.

Nous sommes persuadés qu'avant un mois plus de 200 nouvelles cartes auront été mises en vente. Ce sont surtout des cartes-vues qui sont en ce moment sous presse.

N. B. — Nous tenons à informer nos lecteurs que ce livre a été mis à l'impression le jour du départ du Roi de Paris pour l'Angleterre, ce qui peut excuser quelque omission.

INDUSTRIE DU BIBELOT

Quelques camelots vendaient des bibelots à l'occasion du voyage du Roi d'Espagne; presque tous s'étaient adonnés à la vente de la carte postale. Nous avons trouvé néanmoins :

Plusieurs petits drapeaux :

Drapeau français avec couronne d'Espagne.
— espagnol et drapeau français accolés.
— espagnol et drapeau français avec couronne.
— en soie (petite taille).

Des épingles de cravate :

Avec photographie de M. Loubet et du Roi.
— — du Roi.
— — de M. Loubet et drapeau espagnol.
— petit drapeau espagnol.
— petits drapeaux français et espagnol.

Des fleurs :

Des violettes (2 tailles) avec portrait du Roi.
Des fleurs en celluloïd sur ruban jaune.

Des médailles commémoratives :

Représentant la face du Roi avec cette inscription : « Souvenir de la visite du Roi d'Espagne, mai 1905. »

D'autres médailles identiques posées sur un ruban tricolore, d'autres sur un ruban jaune et rouge.

Un *petit tambourin* avec portrait du roi.

Une *petite rosette* aux couleurs espagnoles.

Une *décoration* fantaisiste aux couleurs espagnoles.

Des *poupées* de différentes tailles représentant le Roi d'Espagne.

Des *mouchoirs* de soie aux couleurs espagnoles.

Des *foulards* de coton   —   —

Les magasins du Louvre avaient fait confectionner pour la circonstance :

Des *éventails* en soie jaune et rouge.

Des *éventails* Jockey.

Des *ombrelles* en satin jaune et rouge (deux sortes différentes suivant l'espacement des couleurs) ; ces quatre articles ont eu le succès qu'ils méritaient.

A signaler encore des *coiffures* pour enfants, des *cravates* pour hommes et *bouquets* de fleurs pour dames.

JOURNAUX

Parmi les journaux illustrés qui ont consacré un n° spécial à S. M. Alphonse XIII, citons :

Le *Rire* — l'*Illustration* — le *Monde Illustré* — le *Supplément du Gaulois* — *Femina* — le *Grand Illustré*. Des portraits ont été reproduits dans les *Lectures pour tous* — dans « *Je sais Tout* » — dans le *Petit Journal* — dans le *Petit Parisien*. Nous voyons le Roi en chauffeur, en touriste, en chasseur, à cheval, en voiture, etc. La liste serait longue et augmenterait notre collection sans grand intérêt.

AFFICHES

Les affiches sont toujours des pièces de collection que l'on rencontre difficilement ; voici celles que nous avons pu découvrir :

Affiche du Chemin de fer de l'Etat.

2 affiches pour les Galas de l'Opéra.

Affiche pour le Bal Tabarin.

—   pour le Bal du Moulin de la Galette.

—   pour la fête espagnole au Casino.

—   pour le tramway du Bois de Boulogne.

—   pour le n° 4 de « Je sais Tout ».

—   pour le n° de mai des « Lectures pour Tous ».

—   pour le cinématographe Dufayel représentant le voyage de S. M. Alphonse XIII.

—   du Monde Illustré.

Quelques affiches ont été imprimées en lettres rouges sur fond jaune :

L'affiche du Théâtre de l'Athénée.

—   des Grands Magasins de la Place Clichy.

CHANSONS

.. MERCIER. Marche franco-espagnole (la photographie de l'auteur a été exposée chez le libraire H. Floury).

. DU CROISSANT. Viens Fonfonse ! lettre de M. Loubet à Alphonse XIII. Sur l'air de Viens Poupoule.

Air *national* espagnol.

.OHYS. Alphonse XIII à Paris, raconté par Dranem, sur l'air de la marche des Andouilles.

.. LOUIS. La Bienvenue du Roi d'Espagne, sur l'air de : Auprès de ma blonde.

1. RITY. Arrive ! arrive ! bel hidalgo, sur l'air de : Allume ! Allume ! — Viens nous voir, Alphonse, sur l'air de : Ninette.

.IBRE ET CHAUDOIR. Hommage à Alphonse XIII.

.HEZELL F. prépare pour le 9 juin sa Revue annuelle qui sera représentée au cabaret des Quat'z'Arts, sous le titre : *Il n'y a pas de pire année.*

Le même établissement prépare un concours de cha**
sons sur le voyage d'Alphonse XIII.

PROGRAMMES

Mouchoirs japonais, programmes imprimés par Gayd*
et indiquant les fêtes jour par jour, avec portrait d*
Roi, 4 modèles différents.

La Libre Parole donnait en prime, le 1er juin, le pr**
gramme de la Revue de Châlons et celui des fêtes.

Programme (rose) avec portrait du Roi sur la couve**
ture, à l'intérieur portrait de M. Loubet et d*
ministres.

Le Roi d'Espagne à Paris. Programme des fêtes av**
portraits du Roi et du Président Loubet.

Le Souvenir-Programme. Journal illustré des fêt**
parisiennes, couleurs espagnoles, portrait du Roi e*
costume de chasse.

DIJON, IMPRIMERIE DARANTIERE

CPSIA information can be obtained
at www.ICGtesting.com
Printed in the USA
390259LV00021B/165

KESSINGER PUBLISHING

ISBN 9781166273835

KESSINGER PUBLISHING®, LLC
WWW.KESSINGER.NET

Die Adonisklage Und Das Linoslied (1852)

Heinrich Karl Brugsch